Guitar Chord Songbook

Steve Miller

Guitar courtesy of Mark Munchenberg

Guitar photo © James Rogers Photography

Steve Miller photo © Rick Kohlmeyer

ISBN 978-1-4234-8025-9

HAL•LEONARD®
CORPORATION

7777 W. BLUEMOUND RD. P.O. BOX 13819 MILWAUKEE, WI 53213

Visit Hal Leonard Online at
www.halleonard.com

Guitar Chord Songbook

Contents

Abracadabra

Words and Music by
Steve Miller

Melody:

I heat up,   I   can't cool down,

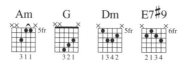

Am   G   Dm   E7#9

Intro

‖: Am | | | G | Am G Am :‖

Verse 1

       Am   **Dm**
I heat up, I can't cool down,

E7#9   **Am**
You got me spinnin' a - round and 'round.

               Dm
'Round and 'round and 'round it goes,

E7#9   **Am**
Where it stops nobody knows.

            Dm
Ev'ry time you call my name,

E7#9   **Am**
I heat up like a burn - ing flame.

              Dm
Burnin' flame, full of desire,

E7#9
Kiss me baby, let the fire get higher.

Chorus 1

       Am   **Dm E7#9**   **Am**
Ab - ra, abracadab - ra.   I wanna reach out and grab ya.

         Dm E7#9   **Am**
Abra, abracadab - ra.   Abracadab - ra.

Verse 2

   Am   **Dm**
 You make me hot, you make me sigh.

E7♯9   **Am**
 You make me laugh, you make me cry.

      Dm
Keep me burnin' for your love

E7♯9   **Am**
 With the touch of a vel - vet glove.

Chorus 2   *Repeat Chorus 1*

Verse 3

   Am   **Dm**
 I feel the magic in your ____ caress.

E7♯9   **Am**
 I feel magic when I touch your dress.

      Dm
Silk and satin, leather and lace,

E7♯9   **Am**
 Black panties with an angel's face.

     Dm
I see magic in your eyes,

E7♯9   **Am**
 I hear the magic in your sighs.

      Dm
Just when I think I'm gonna get away,

E7♯9   **Am**
 I hear those words that you always say.

Chorus 3   *Repeat Chorus 1*

Verse 4

   Am   Dm
    Ev'ry time you call my name,

E7$\sharp$9   Am
    I heat up like a burn - in' flame.

            Dm
  Burnin' flame, full of desire,

E7$\sharp$9
    Kiss me baby, let the fire get higher. Yeah, yeah.

Guitar Solo

‖: Am |Dm |E7$\sharp$9 |Am   :‖ *Play 3 times*

|Am |Dm |E7$\sharp$9 | |

| | |Am | |

| G |Am G Am |

Outro

   Am
‖:   I heat up, I can't cool down,

             G Am   G Am
My situation goes ___ 'round and 'round. :‖ *Repeat and fade*

Cool Magic

Words and Music by
Gary Malliber and Kenny Lewis

I can't i - mag-ine how to tell __ my sto - ry

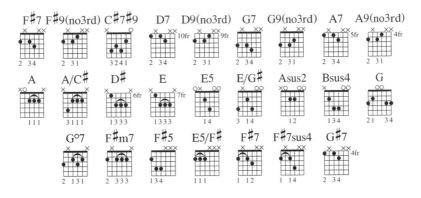

F#7 F#9(no3rd) C#7#9 D7 D9(no3rd) G7 G9(no3rd) A7 A9(no3rd)

A A/C# D# E E5 E/G# Asus2 Bsus4 G

G°7 F#m7 F#5 E5/F# F#7 F#7sus4 G#7

Intro ‖: F#7   F#9(no3rd) | F#7   F#9(no3rd) :‖ *Play 4 times*

F#7   F#9(no3rd)   F#7   F#9(no3rd)

Verse 1   I can't i - magine how to tell my sto - ry

    F#7   F#9(no3rd)   F#7   F#9(no3rd)   C#7#9

And, ah,   not fuss ___ or fight, ___ but I really want to talk to you.

    F#7   F#9(no3rd)   F#7   F#9(no3rd)

You see, I'm ___ not in a - greement with the law this morn - in'

    F#7   F#9(no3rd) F#7   C#7#9

So don't   be my judge ___ and jur - y, do I get through to you?

D7   D9(no3rd) D7   D9(no3rd)

  But ev'ry time I try to build up ___ my case

D7   D9(no3rd)   D7   G7 G9(no3rd) G7 G9(no3rd)

  You tear it down with your pretty face.

A7   A9(no3rd)

  You stand your ground

    A7   A9(no3rd)   A7 A9(no3rd)

And show the lightning in ___ your eyes.

A A/C#   D# E

  And then I feel it.

Chorus 1

E5 E/G# Asus2   E5 E/G# Asus2
   Cool   magic wins me over.

E5 E/G# Asus2   Bsus4
   Oh, so silent, always strong and I tell ya,

E5 E/G# Asus2   E5 E/G# Asus2
   Cool   magic wins me over.

E5   E/G# Asus2   Bsus4
   So, I sur - render to your charm.

Verse 2

F#7   F#9(no 3rd) F#7   F#9(no 3rd)
   I'm too de - fensive to give up without ____ a fight

F#7   F#9(no 3rd) F#7   C#7#9
   But you know ____ my emo - tions. What am I gonna do?

F#7   F#9(no 3rd)   F#7
   Although it seems it's never ending

  F#9(no 3rd) F#7   F#9(no 3rd) F#7   C#7#9
And ____ I'm des - p'rate to live right here ____ under your spell tonight.

D7   D9(no 3rd) D7   D9(no 3rd)
   And ev'ry time I try to build up ____ my case

D7   D9(no 3rd)   D7   G7 G9(no 3rd) G7 G9(no 3rd)
   You tear it down with your pretty face.

A7   A9(no 3rd)
   You stand your ground

       A7   A9(no 3rd)   A7 A9(no 3rd)
And show the lightning in ____ your eyes.

A A/C#   D# E
   And then I feel it.

Chorus 2

E5　E/G♯　Asus2　　　　E5　E/G♯　Asus2
　　Cool　magic wins me over.

E5　E/G♯　Asus2　　　Bsus4
　　Oh, so silent, always strong and I tell ya,

E5　E/G♯　Asus2　　　　E5　E/G♯　Asus2
　　Cool　magic wins me over.

E5　E/G♯　Asus2　　　　Bsus4　Bsus4/A
　　So, I sur - render to your charm.

Bridge

G　　G°7　F♯m7
Ah, ah, ah, ah, ah.

| N.C.(F♯5) (E5/F♯) (F♯5) | (E5/F♯) (F♯7) (F♯7sus4) (F♯5) |
| (F♯5) (E5/F♯) (F♯5) | F♯7　G7　G♯7　A7 |

Verse 3

　　　　　A9(no 3rd)　　A7　　　　A9(no 3rd)
Just when I feel I'm 'bout to lose my mind

A7　　　　　A9(no 3rd)　A7　　　A9(no 3rd)　A7
　　Then here it comes again one more _____ time.

A　A/C♯　D♯　E
　　I really need it.

Chorus 3　　　*Repeat Chorus 1*

Outro

　　　E5　　E/G♯　Asus2　E5　E/G♯　Asus2
‖: 　Cool _____ magic. 　　　　　:‖ *Repeat and fade*

Cry Cry Cry

Words and Music by
Steve Miller

Melody:

I'm gon-na sing _ you the blues

C7   F   C   G   F9
131241 134211 134211 134211 21333

Intro

C7		F		
C		F		
G		F		
G		F	F9	

Verse 1

           C7
I'm gonna sing you the blues 'cause I know

                   F
That you're a gangster of love.

           C   F
I'm gonna sing you the blues all about this beautiful world.

G   F
  Sing the blues for a beautiful world.

G   F F9
  Sing the blues for a beautiful world.

Chorus 1

C   F
Cry, cry, baby, cry, baby, cry.

C   F
Why, why, baby, why, baby, why?

Verse 2

              C7
I'm gonna play you the blues 'cause I know

                   F
That you're a rebel with a cause.

         C   **F**
I'm gonna play you the blues all about this beautiful world.

G   **F**
  Play the blues for a beautiful world.

G   **F** **F9**
  Play the blues for a beautiful world.

Chorus 2

C   **F**
Cry, cry, baby, cry, baby, cry.

C   **F**
Why, why, baby, why, baby, why?

G   **F**
  This is the blues for a beautiful world.

G   **F** **F9**
  This is the blues for a beautiful world.

Verse 3

  C7   **F**
A heartbeat and a heart is all you need to make it through.

    C   **F**
A heartbeat and a heart, am I gettin' through to you?

G   **F**
  This is the blues for a beautiful world.

G   **F** **F9**
  This is the blues for a beautiful world.

Chorus 3

   C   **F**
‖: Cry, cry, baby, cry, baby, cry.

C   **F**
Why, why, baby, why, baby, why? :‖

Outro   *Repeat Chorus 3 and fade*

Dance Dance Dance

Words and Music by Steve Miller,
Brenda Cooper and Jason Cooper

Melody:

My grand - pa, __ he's _ nine-ty - five, ____

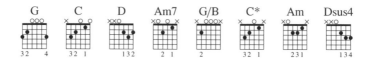

| G | C | D | Am7 | G/B | C* | Am | Dsus4 |

Verse 1

    G   C
My grandpa, he's ninety-five,

         G   D
And he keeps on dancin', he's still alive.

    G   C
My grandma, she's ninety-two,

           G   D
She loves ___ to dance and sing some too.

    G   C
I don't know, but I've been told

        G   D
If you keep on dancin' you'll never grow old.

    G   C
Come on, darlin', put a pretty dress on,

        G   D   G   Am7 G/B
We're gon - na go out to - night.

Chorus 1

C*   G/B   Am   G/B
Dance, dance, dance.

C*   G/B   Am   G/B
Dance, dance, dance.

C*   G/B   Am   G
Dance, dance, dance, all night long.

Verse 2

      G   C
I'm a hard workin' man, I'm a son of a gun.

          G   D   Dsus4
I've been workin' all week in the noonday sun.

     G   C
The wood's in the kitchen and the cow's in the barn,

         G   D   Dsus4
I'm all ___ cleaned up and my chores are all done.

G   C
Take my hand and come along,

G   D   Dsus4
Let's go out and have some fun.

G   C
Come on, darlin', put a pretty dress on,

         G   D   G Am7 G/B
We're gon - na go out tonight.

Chorus 2

C*   G/B   Am   G/B
Dance, dance, dance.

C*   G/B   Am   G/B
Dance, dance, dance.

C*   G/B   Am   G
Dance, dance, dance, all night long. *Pick on!*

Guitar Solo   *Repeat Verse 2 (Instrumental)*

Chorus 3   *Repeat Chorus 1*

Verse 3

        G   **C**
Come on darlin', don't look that way.

         G   **D**   **Dsus4**
Don't you know when you smile, I've got to say

         G   **C**
You're my honey pumpkin lover, you're my heart's delight.

G   **D**   **Dsus4**
Don't you want to go out tonight?

       G   **C**
You're such a pretty lady, you're such ___ a sweet girl,

G   **D**   **Dsus4**
When you dance it brightens up my world.

G   **C**
Come on, darlin', put a pretty dress on,

        G   **D**   **G Am7 G/B**
We're gon - na go out tonight.

Chorus 4   *Repeat Chorus 1*

Going to Mexico

Words and Music by
Steve Miller and Boz Scaggs

Melody:

Pack my bags,   don't be too slow. _

G7   C7   D   C

| | | | |
1 3 1 2 1 1   1 3 1 4 1   1 3 3 3   1 3 3 3

Verse 1

       G7
Pack my bags, ___ don't be too slow.

      C7   **G7**
I should have quit you ba - by, a long time ago.

     D   **G7**
Left you flat ___ and split for Mexico.

Verse 2

N.C.   **G7**
 Don't try to stop me. You know you're talkin' too fast.

      C7   **G7**
You and your friends babe, you are a thing in my past.

      D   **G7**
You're much too slow, ___ I'm goin' to Mexico.

Bridge

     C
I got four ___ or five-hundred miles to go

   G7
Down that southbound highway.

C   **D**
'53 Studebaker goin' for broke I'm pushin' it night and day.

Verse 3

      G7
I've had enough of your lies ___ to last a long, long time.

    C7   **G7**
You and your mother, ___ babe, you're like a nursery rhyme.

   D   **G7**
You're much too slow, I'm goin' to Mexico. ___ *Yeah, come on, baby.*

Outro-
Guitar Solo

‖: G7 | | | :‖ *Play 6 times*
              and fade

Evil

Words and Music by
Steve Miller

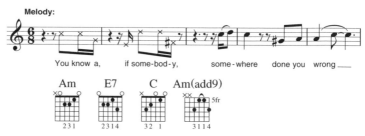

Melody:

You know a,   if some-bod-y,   some-where   done you   wrong

Am   E7   C   Am(add9)

2 3 1   2 3 1 4   3 2   1   3 1 1 4

Verse 1

     N.C.   Am   E7 Am E7
     You know a, if somebody,   somewhere done you wrong

     Am   **E7**   **Am E7**
     Oh, don't worry about your revenge, no.

     Am   **E7**   **Am E7**
     I said, if somebody, somewhere done you wrong

     Am   **E7**   **Am**   **E7**
     Oh, don't worry about your revenge, no, ___ no.

     C   **E7**   **Am E7 Am E7**
     'Cause that's when evil,   oh, evil slips on in.

Verse 2

     Am   **E7**   **Am**   **E7**
     Hey,   when I first met you ba - by,

     Am   **E7**   **Am E7**
     You were nothing but a child.

     Am   **E7**   **Am E7**
     When I first ____ met you baby,

     Am E7   **Am E7**
     I   used to let you run a wild.

     Am   **E7**   **Am**   **E7**
     But somewhere, ____ somehow ____ Lord, I don't know how

     Am   **E7**   **Am E7**
     All your goodness slipped a - way.

     C   **E7**   **Am E7**
     And that's when evil, ____ yeah, evil had its day.

             Am   **E7**
     Evil had its day, yeah.

Guitar Solo 1	|Am E7	|Am E7	|Am E7	|Am E7	|
	|C	|E7	|Am E7	|Am E7	|

Verse 3

Am E7   Am E7
      Evil's with me in the morn - in'.

Am E7   Am   E7
     Evil's with me and I can't get away, ___ no.

C   E7
   But there is gonna come a time ___ oh,

                      Am   E7
When somebody else is gonna pay, ___ yeah.

      Am   E7
Whew! ___ You're gonna pay, baby!

Outro-Guitar Solo	|Am E7	|Am E7	|Am E7	|Am E7	|
	|C	|E7	|Am E7	|Am E7	|
	|Am	|		|Am(add9)	||

Fly Like an Eagle

Words and Music by
Steve Miller

Tick,   tock,   tick. Doot, doot, do, do.

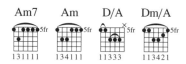

Am7   Am   D/A   Dm/A

Intro

‖: **N.C.(Am7)** | :‖
Am7
‖: Tick, tock, tick. Doot, doot, do, do. :‖

Verse 1

Am7
Time keeps on slippin', slippin', slippin' into the future.

Time keeps on slippin', slippin', slippin' into the future.

Chorus 1

         Am   **D/A Dm/A**   **Am**
I wanna fly ___ like an ea - gle   to the sea.

        D/A   **Dm/A**   **Am**
Fly like an ea - gle, let my spirit carry me.

        D/A Dm/A   **Am**
I want to fly like an ea - gle   till I'm free.

     D/A   **Dm/A Am**
Oh, Lord, through the revo - lution.

Verse 2

                Am7   **D/A**
Feed the ba - bies who don't have enough to eat.

           Dm/A   **Am**
Shoe the chil - dren with no shoes on their feet.

           Am7 **D/A**
House the peo - ple livin' in the street.

Dm/A   **Am7**
Oh, there is a solu - tion.

Chorus 2

               Am   **D/A Dm/A**   **Am**
I wanna fly ___ like an ea - gle   to the sea.

           D/A   **Dm/A**   **Am**
Fly like an ea - gle, let my spirit carry me.

             D/A Dm/A   **Am**
I want to fly like an ea - gle   till I'm free,

        D/A   **Dm/A Am**
Right through the revo - lution.

Verse 3   *Repeat Verse 1*

Bridge

         Am7
||: Do, doot-n', do, do. :|| *Play 4 times*

Chorus 3   *Repeat Chorus 2*

Interlude |Am | D/A | Dm/A | Am |

Outro   *Repeat Verse 1 and fade*

Give It Up

Words and Music by
Steve Miller

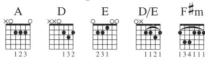

(Capo 2nd fret)

A   D   E   D/E   F#m

Intro

N.C.
Your good lovin' is what I need.

Good lovin' is what I need.

Oh, a little bit of love and some affection

Keep me movin' in the right direction.

Good lovin' is what I need.

Chorus 1

            A
So, come on give it, give it, give it, give it,

D   E
Give it, give it, give it, give it, give it up, give it up.

     D/E
Come on, darlin', give it up.

A   D
Give it, give it, give it, give it, give it, give it, give it, give it,

E
Give it up, give it up, come on, darlin' give it up.

F#m   E D   E
  A little bit of love and   some affec - tion

F#m   E   A
  Keep me movin' in the   right direction.

                         D   E   A
So give it up, give it up, come on, darlin' give me your love.

Verse 1

```
        A    D      E   D/E
I am so in love with you

      A D      E   D/E  E
Ba  -  by, it's true.

F#m            E      D           E
    Come on, dar - lin', we got to be smart.

F#m            E      A
    Come on, dar - lin', don't play with the heart.

                   D          E          A
Give it up, give it up, come on, darlin' give me your love.
```

Verse 2

```
      A      D             E        D/E
Hey, hey, baby,    don't do me this way. No, no.

A       D             E   D/E  E
Hey, darlin',    don't do me this way.

F#m            E   D           E
    A little bit of love and    some affec - tion

F#m            E      A
    Keep me movin' in the    right direction.

      A              D          E          A
So give it up, give it up, come on, darlin' give me your love.
```

Verse 3

```
              A
So come on, give it up, give it up,

D                         E
Come on, darlin' give me your love.

D/E  A                D                        E
Oh,   give it up, give it up, come on, darlin', give me your love.

D/E  E  F#m           E   D          E
Oh, ___    a little bit of love and    some affec - tion

F#m            E      A
    Keep me movin' in the    right direction.

      A              D          E          A
So, give it up, give it up, come on, darlin' give me your love.
```

Chorus 2   *Repeat Chorus 1*

Outro   *Repeat Verse 1 and fade w/ vocal ad lib.*

Going to the Country

Words and Music by
Steve Miller and Ben Sidran

Melody:

Gon-na leave the ci - ty put my trou-bles

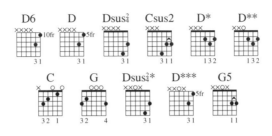

| D6 | D | Dsus$\frac{2}{4}$ | Csus2 | D* | D** |

| C | G | Dsus$\frac{2}{4}$* | D*** | G5 |

Intro

‖: **D6   D   Dsus$\frac{2}{4}$ D** | **Dsus$\frac{2}{4}$ Csus2   D*** :‖

‖: **D**   C   G   D**** | **C   G   D**** :‖

Verse 1

   D**   C   G   D****
Gonna leave the city put my troubles be - hind

             C   G   D**
People in the city goin' out of their minds.

            C   G   D**
Goin' to the country just to feel that flow

             C   G   D**
People in the country really let themselves go.

Chorus 1

D** **C** **G**   **D****
Hey, ho, one thing I know

            C   G   D**
People in the country got one thing for sure.

    C G   D**
Hey, ho, one thing I know

           C   G   D**
Ev'rybody's child really lets himself go.

Section	Content

Harmonica Solo ‖: D** C G D** | C G D** :‖

Verse 2
D**   C   G   D**
Goin' to the country and leavin' right a - way

          C   G   D**
No time to talk I got to make a geta - way.

            C   G   D**
Gonna leave the city it's a crime and a shame.

         C   G   D**
People in the city are goin' in - sane.

Chorus 2
D** C G   D**
Hey, ho, one thing I know

           C   G   D**
Ev'ry mother's child really lets himself go.

      C   G   D**
Hey, ho, one thing I know

           C   G   D**
People in the country really let themselves go.

| D** Dsus$^2_4$* D*** Dsus$^2_4$* D** Dsus$^2_4$* |
| $^9_{16}$ D** Dsus$^2_4$* D*** |
‖:$^4_4$ D** Dsus$^2_4$* D*** Dsus$^2_4$* D** Dsus$^2_4$*:‖ *Play 5 times*
| D** Dsus$^2_4$* D*** Dsus$^2_4$* D** |

Bridge
D*** Dsus2/4* G5   Dsus2/4* D***
Join - ing   hands, mak - ing   plans,

      Dsus2/4* G5   D*** D**
Come on   down, look a - round.

Outro ‖: D** | C | G | D** :‖ *Repeat and fade*

Heart Like a Wheel

Words and Music by
Steve Miller

Melody:

I got a heart like a wheel, _____

(Capo 2nd fret)

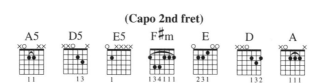

A5   D5   E5   F#m   E   D   A

Intro

A5 N.C.	A5 N.C.	A5	D5	
E5		A5	D5	
E5		F#m E D	E F#m	
E A5			D5 E5	
A5	A		

Verse 1

      A5   D5   E5
I've got a heart like a wheel, feel like I got to roll.

      A5   D5   E5
Oh, a heart like a wheel,   I told you ____ so.

          F#m   E D
And I've been lovin' you for so long,

E F#m   E A5
    You are the one.

          D5   E5   A5
Heart so real, ____ I love you so.

Verse 2

          A5
Well, I can give what I take

             D5   E5
And you know ____ I want to give you my love.

       A5   D5   E5
Babe, ____ I ain't faking, you know ____ I want to give you my love.

        F#m   E D
I've been loving you for so long,

E F#m   E A5
    You are the one.

           D5   E5   A5
Heart so real, ____ I love you so.

Come on and roll.

Guitar Solo 1   ‖: A5 |D5 |E5 | :‖

         F#m   E D
Verse 3   I've been loving you for so long,

E F#m   E A5
    You are the one.

           D5   E5   A5
Heart so real, ____ I love you so.

          A5
Verse 4   It takes two to make love.

It takes love to make a family real.

I got to know what you need.

                     E5
I got to know what you really feel.

        F#m   E D
And I've been loving you for so long,

E F#m   E A5
    You are the one.

           D5   E5   A5
Heart so real, ____ I love you so.

Come on and roll.

Guitar Solo 2   *Repeat Verse 1 (Instrumental)*

                        A5

Verse 5   You know it's such a pity

              D5   **E5**
If you're gonna get the summertime blues.

A5   **D5**   **E5**
Lovers ev'rywhere are pairing off two by two.

             F♯m   **E D**
And I've been loving you for so long,

E F♯m   **E A5**
           You are the one.

               D5 E5   **A5**
Heart so real, ____ I love you so.

Guitar Solo 3   *Repeat Guitar Solo 1*

Verse 6   *Repeat Verse 3*

                    A5   **D5**   **E5**   **A5**

Outro   I've got a heart like a wheel ____ and I love you so.

                        D5   **E5**   **A5**
I got a heart like a wheel. ____ I've got to roll.

I Want to Make the World Turn Around

Words and Music by
Steve Miller

Melody:

I don't wan-na live in a world of dark - ness;

Drop D tuning:
(low to high) D-A-D-G-B-E

Em   D5   Em7   D/E   G5   D   C

Intro   ‖: **Em** | | | | :‖

               Em

Verse 1   I don't wanna live in a world of darkness;

I wanna live in a world of light.

I don't wanna live in a world that's heartless,

I wanna live in a world of sight.

                    D5

Chorus 1   Well, you know ____ (Oh.)

                         Em7

I wanna make the world ____ turn around,

(Make the world turn around.)

Wanna make the world turn around.

| **Em** | **D/E** | **Em** | **D/E** | **Em** | **D/E** | **Em** | |

     Em   **D/E**

Verse 2   Living in a world of justice,

     Em   **D/E**

Living in a world of shame.

     Em   **D/E**

Living in a world of free - dom,

     Em

Living in a world of pain.

Chorus 2

                    D5
Well, you know ____ (Oh.)

                          Em7
I wanna make the world ____ turn around,

(Make the world turn around.)

Wanna make the world turn around.

Bridge

G5   **D**
  Turn the darkness into light,   turn the hunger into life,

Em   **C**
  Turn the wrong into right,   put an end to the strife.

G5   **D**
  Turn the blindness into sight,   save a human life.

Chorus 3

               Em7
Make the world turn around, (Make the world turn around.)

I wanna make the world turn around.

Guitar Solo

| Em   D/E | Em   D/E | Em   D/E | Em |
| D5 | | Em7 | |

Saxophone Solo   *Repeat Bridge (Instrumental)*

Chorus 4   *Repeat Chorus 3*

Verse 3

Em   **D/E**
  I wanna live in a world of glad - ness,

Em   **D/E**
  I wanna know what your heart is made of.

Em   **D/E**
  Don't wanna live in a world of sad - ness,

Em
  I wanna live in a world of love.

Chorus 5   *Repeat Chorus 2*

Verse 4

Em   D/E
Living in a world of jus - tice,

Em   D/E
Living in a world of light.

Em   D/E
Living in a world of free - dom,

Em
Living in a world of sight.

| Em | D/E | Em | D/E | Em | D/E | Em | |

Outro

               Em   D/E
I wanna send a message (Send a message,)

               Em   D/E
To ev'ry boy and girl. (To ev'ry boy and girl.)

               Em   D/E
I want to send a message (Send a message)

             Em   D/E
A - bout the world. (About the world.)

               Em
We've got to build it up, (We've got to build it up.)

Stop tearing it down. (Stop tearing it down.)

We've got to build it up. (We've got to build it up.)

D/E   Em
Make the world turn around. (Make the world turn around.)

                        D/E
Send a message (Send a message)

             Em
To ev'ry boy and girl. (To ev'ry boy and girl.)

I Love You

Words and Music by
Steve Miller

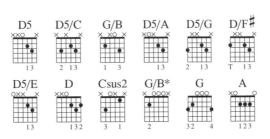

D5 D5/C G/B D5/A D5/G D/F#

D5/E D Csus2 G/B* G A

Intro

‖: D5 D5/C G/B D5/A |D5/G D/F# D5/E D :‖

‖: D5 |Csus2 |G/B* |Csus2   :‖

|D5 D5/C G/B D5/A |D5/G D/F# D5/E D |

Verse 1

D5 D5/C G/B D5/A D5/G D/F# D5/E D
I _____ want you.

D5 D5/C G/B D5/A D5/G D/F# D5/E D

D5 D5/C G/B D5/A D5/G D/F# D5/E D
I _____ need you.

D5 D5/C G/B D5/A D5/G D/F# D5/E D

D5 D5/C G/B D5/A D5/G D/F# D5/E   D
'Cause I _____ love   you.

D5   D5/C G/B D5/A D5/G D/F# D5/E D

‖: D5 D5/C G/B D5/A |D5/G D/F# D5/E D :‖

Verse 2

D5 Csus2 G/B*   Csus2
I ___I, ___ I, ___   I,

D5 Csus2 G/B* Csus2 D5 D5/C G/B D5/A D5/G D/F♯ D5/E D
I, __ I, ___ I, ___ I love you.

D5 D5/C G/B D5/A D5/G D/F♯ D5/E D
Where _____ shall we go?

D5 D5/C G/B D5/A D5/G D/F♯ D5/E D

D5 D5/C G/B D5/A D5/G D/F♯ D5/E D
What _____ shall we do?

D5 D5/C G/B D5/A D5/G D/F♯ D5/E D

        D5 D5/C G/B D5/A D5/G D/F♯ D5/E   D
'Cause I _____ love you.

D5 D5/C G/B D5/A D5/G D/F♯ D5/E D

Harmonica
Solo   ‖: **D5** | **Csus2** | **G/B*** | **Csus2**   :‖
           | **D5 D5/C G/B D5/A** | **D5/G D/F♯ D5/E D** |

Verse 3

D5 Csus2 G/B*   Csus2
I ___I, ___ I, ____   I,

D5 Csus2 G/B* Csus2 D5 D5/C G/B D5/A D5/G D/F♯ D5/E D
I, __ I, ___ I, ___ I love you.

                D   **G   D**
Outro   ‖: To, do, do, do, do, do, do, do, do, do.

                        A   D
            To, do, do, do, do, do, do, do, do. :‖

D5 D5/C G/B D5/A D5/G D/F♯ D5/E D
I _____ love you.

Jet Airliner

Words and Music by
Paul Pena

Melody:

Leav-ing home, out __ on the road __

(Capo 3rd fret)

A5   D5   G   D   A

Intro

|A5 | | | |

Verse 1

    A5   D5   A5
Leaving home, out on the road

D5   **A5**
I've been down before.

Riding along on this big old jet plane,

         D5   **A5**
I've been thinking about my home.

But my love light seems so far away,

    G   **D**   **A5**
And I feel like it's all been done.

Somebody's tryin' to make me stay.

         G   **D**   **A5**
You know I've got to be moving on.

Chorus 1

```
      G         D        A5
Oh, big old jet ____ airlin - er,

        G        D         A5
Don't ____ carry me too far away.

      G         D        A5
Oh, big old jet ____ airlin - er,

              G           D        A
'Cause it's here ____ that I've got to stay.
```

Verse 2

```
A5                  D5              A5
Goodbye to all my ____ friends at home.

     D5                 A5
Good - bye to people I've trust - ed.


I've got to go out and make my way.

     D5                          A5
I might get rich, you know I might get bust - ed.


But my heart keeps calling me backwards

      G       D        A5
As I get on the seven o sev - en.


Riding high, I got tears in my eyes.

               G                D
You know you got to go through hell

         A5
Before you    get to heaven.
```

Chorus 2

```
G       D       A5
Big old jet ____ airlin - er,

G           D        A5
Don't  carry me too far away.

      G       D        A5
Oh, big old jet ____ airlin - er,

              G           D        A
'Cause it's here ____ that I've got to stay.
```

Verse 3

```
A5                        D5         A5
   Touching down in New ___ England town,
D5                    A5
Feel the heat coming down.
```

I've got to keep on keeping on.
```
        D5                  A5
You know the big wheel keeps a spinning around.
```

And I'm going with some hesitation.
```
        G       D  A5
You know that I can sure - ly see
```

That I don't want to get caught up in any of that
```
G       D              A5
   Funky kicks going down ___ in the city.
```

Chorus 3   *Repeat Chorus 2*

Chorus 4
```
   G       D      A5
Oh, big old jet ___ airlin - er,
G           D           A5
Don't carry me too far away.
   G       D      A5
Oh, big old jet ___ airlin - er,
              G           D         A5
'Cause it's here ___ that I've got to stay.
```

Yeah, yeah, yeah, yeah.

Chorus 5   *Repeat Chorus 2*

Chorus 6
```
   G       D      A5
Oh, big old jet ___ airlin - er,
G       D          A5
Carry me to ___ my home.
   G       D      A5
Oh, big old jet ___ airlin - er,
              G       D      A5
'Cause it's there ___ that I belong.
```

Yeah, yeah, yeah, yeah.   ***Fade out***

The Joker

Words and Music by Steve Miller,
Eddie Curtis and Ahmet Ertegun

Melody:

Some peo-ple call me _ the Space Cow - boy. _

Tune down 1 step:
(low to high) D-G-C-F-A-D

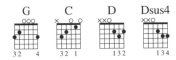

G   C   D   Dsus4

Verse 1

```
         G        C              D     C
         Some people call me the Space Cowboy.

              G        C              D C
     Yeah ____ some call me the Gangster of Love.

     G        C            D    C
     Some people call me Maur - ice,

              G           C       D C
     'Cause I speak of the pompatus of love.

     G C            D          C
         People talk about ____ me, baby.

     G          C           D          C
         Say I'm do - ing wrong, do - ing you wrong.

     G      C             D          C
         Well, don't you worry, ba - by, don't wor - ry,

              G               C              D   C
     'Cause I'm right here, right here, right here, right here at home.
```

STEVE MILLER

Chorus 1

                G   C

'Cause I am a picker, I'm a grinner,

        G   C

I'm a lover, and I'm a sinner.

G   C   D   C

I play my mu - sic in the sun.

        G   C

I'm a joker, I'm a smoker,

        G   C

I'm a midnight tok - er.

G   C   D

I get my lov - ing on the run.

Dsus4

Oo, hoo. Oo, hoo.

Guitar Solo 1   ‖: G   C |D   C   :‖ *Play 4 times*

Verse 2

G   C   D   C

You're the cutest thing ___ that I ev - er did see.

 G   C   D   C

I really love your peach - es, want to shake your tree.

G   C   D   C

Lovey dove - y, lovey dovey, lovey dovey all the time.

G   C   D   C

Oo, wee, ba - by, I'll sure show you a good time.

Chorus 2

              G   **C**
'Cause I am a picker, I'm a grinner,

     G   **C**
I'm a lover, and I'm a sinner.

G   **C**   **D C**
  I play my mu - sic in the sun.

        G   **C**
I'm a joker, I'm a smoker,

        G   **C**
I'm a midnight tok - er.

G   **C**   **D C**
  I sure don't want ___ to hurt no one.

Guitar Solo 2

|**G**   **C** |**G**   **C** |**G**   **C** |**D**   **C** |
|**G**   **C** |**G**   **C** |**G**   **C** |**D**   **Dsus4** | |
                      Oo. hoo. Oo, hoo.

Outro-Verse

G   **C**   **D**   **C**
  Peo - ple keep talking about ___ me, baby.

G C   **D C**
  Say I'm doing you wrong.

G   **C**   **D**   **C**
  Well, don't you worry, don't worry, no don't wor - ry mama

G   **C**   **D C**
  'Cause I'm right here at home.

G C   **D**   **C**
  You're the cutest thing I ever did see.

    G   **C**   **D**   **C**
I really love your peaches, want to shake your tree.

G   **C**   **D**   **C**
  Lovey dove - y, lovey dovey, love - y dovey all the time.

G   **C**   **D**   **C**
  Come on, babe, ___ and I'll show you a good time. *Fade out*

Jungle Love

Words and Music by
Lonnie Turner and Greg Douglass

Melody:

I met you on some - bod-y's is - land,

(Capo 1st fret)

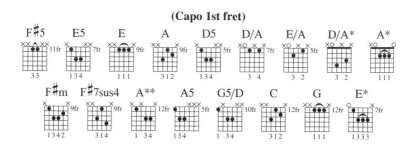

F#5 E5 E A D5 D/A E/A D/A* A*
F#m F#7sus4 A** A5 G5/D C G E*

Intro

| N.C. | F#5 | | |

Verse 1

     E5   E A D5
I met you on some - body's island,

D/A E/A D/A* A* N.C.   **E5**
       You thought you had known me be - fore.

N.C. D5 E5   **E A   D5**
   I bought you a crate ___ of pa - paya

D/A E/A D/A* A* N.C.   **E5**
       That waited all night by your door.

D5   E5   **E A   D5**
  You probably would - n't re - member,

D/A E/A D/A* A* N.C.   **E5**
     I probably couldn't forget.

D5   **E5**   **E A   D5**
  Jungle love ___ in the surf ___ in the pouring rain,

D/A E/A D/A* A* N.C.   **E5   N.C.**
     Ev - 'rything's better when ___ wet.

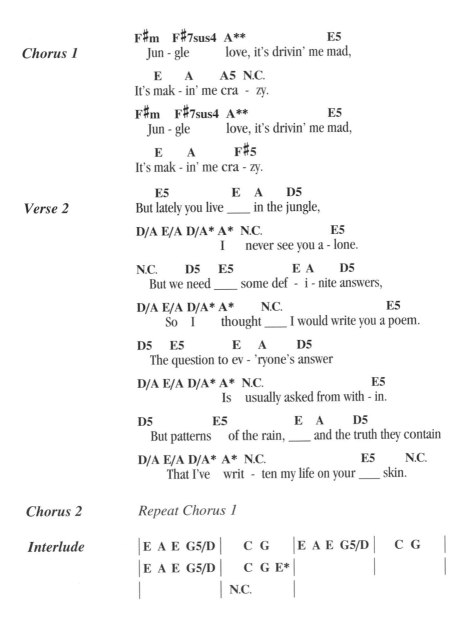

Chorus 1

F#m   F#7sus4   A**   E5
  Jun - gle   love, it's drivin' me mad,

   E   A   A5   N.C.
It's mak - in' me cra - zy.

F#m   F#7sus4   A**   E5
  Jun - gle   love, it's drivin' me mad,

   E   A   F#5
It's mak - in' me cra - zy.

Verse 2

    E5   E   A   D5
But lately you live ___ in the jungle,

D/A   E/A   D/A*   A*   N.C.   E5
        I   never see you a - lone.

N.C.   D5   E5   E   A   D5
  But we need ___ some def - i - nite answers,

D/A   E/A   D/A*   A*   N.C.   E5
   So   I   thought ___ I would write you a poem.

D5   E5   E   A   D5
  The question to ev - 'ryone's answer

D/A   E/A   D/A*   A*   N.C.   E5
        Is   usually asked from with - in.

D5   E5   E   A   D5
  But patterns   of the rain, ___ and the truth they contain

D/A   E/A   D/A*   A*   N.C.   E5   N.C.
  That I've   writ - ten my life on your ___ skin.

Chorus 2   *Repeat Chorus 1*

Interlude | E A E G5/D | C G | E A E G5/D | C G |
               | E A E G5/D | C G E* | | |
               | | N.C. |

Verse 3

E5   E   A   D5
You treat me like I was your ocean,

D/A E/A D/A* A* N.C.   E5
        You swim in my blood when it's warm.

D5   E5   E   A   D5
My cycles of cir - cu - lar motion

D/A E/A D/A* A*   N.C.   E5
        Pro - tect you and keep you from harm.

D5   E5   E   A   D5
You live in a world ____ of il - lusion

D/A E/A D/A* A*   N.C.   E5
        Where ev'rything's peaches and cream.

D5   E5   E   A   D5
We all face the scar - let con - clusion,

D/A E/A D/A* A*   N.C.   E5 N.C.
    But we   spend ____ our time in a dream.

Chorus 3

F#m   F#7sus4 A**   E5
Jun - gle   love, it's drivin' me mad,

    E   A   A5 N.C.
It's mak - in' me cra - zy.

   F#m   F#7sus4 A**   E5
‖:   Jun - gle   love, it's drivin' me mad,

    E   A   A5 N.C.
It's mak - in' me cra - zy, crazy. :‖

F#m   F#7sus4 A**   E5
Jun - gle   love, it's drivin' me mad,

    E   A   F#5
It's mak - in' me cra - zy.

Outro

Repeat Interlude

Living in the U.S.A.

Words and Music by
Steve Miller

(Stand back!)   Stand back!)

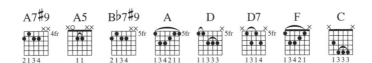

Intro

‖: N.C. | | | :‖

A7#9
(Stand back! Stand back! Stand back! Stand back!)

‖: N.C. | | | :‖ *Play 4 times*

A7#9
(Stand back! Stand back! Stand back! Stand back!)

| A5 N.C. | | A5 N.C. A5 | N.C. |
| A5 N.C. A5 | N.C. | A5 N.C. | |

A7#9

Chorus 1

‖: Doot, du-da, doo, doot, doot, do.

Livin' in the U.S.A. :‖

Verse 1

A7#9   Bb7#9
Where are you going to?

A7#9
What are you gonna do?

Bb7#9 A7#9 N.C.   Bb7#9
Do you think   that it will be easy?

A7#9 N.C.
You think   that it will be pleasin'? Hey, hey.

Pre-Chorus 1

A7#9

(Stand back!) What'd you say? (Stand back!) I won't pay.

                                         A5   N.C.

(Stand back!) I'd rather play. (Stand back!) It's my freedom.

                        A5   N.C.

Yeah, don't worry 'bout me, babe.

A5   N.C.   A5   N.C. A5 N.C.

I got to be free, babe. __ Hey, _____ yeah.

Chorus 2

A7#9   Bb7#9

Doot, du-da, doo, doot, doot, do.

A7#9   Bb7#9

Livin' in the U.S.A.

A7#9   Bb7#9

Doot, du-da, doo, doot, doot, do.

A7#9

Livin' in the U.S.A.

Pre-Chorus 2

A7#9

(Stand back!) Dietitian! (Stand back!) Television!

(Stand back!) Politician! (Stand back!) Mortician!

A5 N.C.   A5 N.C. A5   N.C.   A5 N.C.

    Oh, we got to get away. __   Uh, livin' in the U.S.A. __

A5   N.C. A5 N.C.

    Come on, baby. __   Ow!

	A	**D A**
Verse 2	See a yellow man, a brown man,	

                   D A
White man, a red man.

Lookin' for Uncle Sam

D A
  To give you a helping hand.

D A   **D A**
  So, ev'rybody's kickin' sand,

Even politicians.

D A   **D A**
  We're livin' in the plastic land.

                   D A
Somebody give me a hand, yeah.

	D7 **F** **C**
Bridge	Oh, ___ we're gonna make it, baby.

D7   **F**   **C**
Yeah, ___ we got to shake it, baby.

D7 **F**   **N.C.**
Oh, ___ don't break   it, yeah, yeah, yeah, yeah, yeah.

Come on, baby, hey! Well, hey! Oh, in the U.S.A., baby, yeah.

	N.C.
Outro	‖: (Doot, du-da, doo, doot, doot, do.

Livin' in the U.S.A.) Don't worry 'bout me, babe. :‖ *Repeat and*
fade w/ lead
vocal ad lib.

Kow, Kow Calculator

Words and Music by
Steve Miller

Melody:

Kow Kow Cal - cu - la - tor __

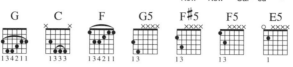

| G | C | F | G5 | F#5 | F5 | E5 |

Intro   ‖: G   C | | G   C | :‖   *Play 3 times*

Verse 1
        G   F   C
Kow Kow Calcu - lator

        G   F   C
Was a very smooth ___ oper - ator.

        G   F   C
Had himself a pet alli - gator.

        G   F   C
Kept it in a chrome ele - vator, yeah.

        G   F   C
When the sun ___ began to shine

          G   F   C
The alligator come ___ out - side.

        G   F   C
Kow Kow played ___ the chimes,

          G   F   C
To - gether they would go ___ for a ride.

        G   F   C
   As ___ they traveled ___ with a heavy load

        G   F   C
   They came across a dead horse at the side of the road.

        G   F   C
   With two generals standing at each end

        G   F   C
   Fight - in' over whose fault it had been.

                G   F C
And all ___ that's left ___ was this war.

                 G   F   C
And they could - n't get things ___ back to - gether like they were before.

Bridge

               G
Well, listen   turn on your love light.

Turn it on, let it shine inside your heart.

Let it shine.

Turn on your love light, turn it on, turn it on.
                         F
Let it shine inside your mind.

Verse 2

G   F   C
So many times ___ Kow Kow had heard it said it before,
     G   F   C
Oh, ___ don't, ___ Lord, don't go near the door.

G F   C
  The cause of our evil you'll uncover

G   F   C
  Because ___ of our misery you discover.
     G   F   C
Well,   misery ___ seeks its own company

     G   F C
Kow ___ Kow had heard ___ it said.

    G   F   C
So now he sits ___ there cryin',
           G   F   C
Oh, with his hands a - cross his head.

G   F   C
Kow Kow Calcu - lator

     G F   C
Was ___ a smooth oper - ator.

Outro

G5   F#5   F5   F#5
Get back in ___ your ele - vator

G5   F#5   F5
Kow Kow Calcu - lator.

F#5   G5   F#5 F5   E5   F5   F#5
Turn on your love ___ light, oh, ___ oh, ___ oh, ___ oh.

      G
Let it shine.

Little Girl

Words and Music by
Steve Miller

Melody:

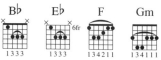

Oh, lit-tle girl, __ all mine. __

Bb	Eb	F	Gm

Verse 1

N.C.   **Bb**
Oh, little girl, all mine.

Hey, you sure are fine.

           Eb
I'm gonna take you home.

           Bb
That's where you be - long.

         F
'Cause you were born to discover

    Gm   **Eb**   **Bb**
You were made ____ to love the good things.

Yes, you were.

Verse 2

          Bb
Oh, little girl, so fine

I'm goin' to make you mine.

         Eb
Reach out my hand,

        Bb
I know you under - stand.

        F
'Cause you were born to discover

    Gm   **Eb**   **Bb**
You were made ____ to love the good things.

Yes, you were.

Verse 3

             Bb
Let me hear you say, I, I love you.

Let me hear you say, I, I love you.

            Eb
Let me hear you say, I, I love you.

            Bb
Let me hear you say, I, I love you.

          F
'Cause you were born to discover

       Gm **Eb**   **Bb**
You were made ___ to love the good things.

Yes, you were. Come on.

Guitar Solo   *Repeat Verse 2 (Instrumental)*

            Bb
Verse 4   Let me hear you say, I, I love you.

Let me hear you say, I, I love you.

            Eb
Let me hear you say, I, I love you.

            Bb
Let me hear you say, I, I love you.

          F
'Cause you were born to discover

       Gm **Eb**   **Bb**
You were made ___ to love the good things.

           N.C.
Yes, you were. Come on. I, whoa, yes.

Outro-Guitar Solo   *Repeat Verse 2 (Instrumental) till fade*

My Dark Hour

Words and Music by
Steve Miller and Paul Ramone

Melody:

(My dark ho - ur.)

Tune down 1/2 step:
(low to high) Eb - Ab - Db - Gb - Bb - Eb

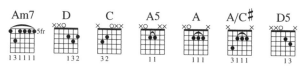

Am7   D   C   A5   A   A/C#   D5

Intro

| N.C. | | | |
| Am7 | | | |

Chorus 1

   D C   A5   D C A
(My dark hour.)

   D C   A   N.C.
(My dark hour.) You know it's drivin' me wild.

| A5 | | | |

Verse 1

                A   A/C# D
Well, well, I went ____ (to see the doctor,)

           A   A/C# D5
And I had ____ (my fortune read.)

             A   A/C# D
And you know ____ (the doctor told me,)

           N.C.
Whispered: "Son, you better stay in bed."

Am7
Who's that comin' down the road?

Looks like he's carryin' a heavy load.

What's the word that he started to say?

Wanna come with me, on my way?

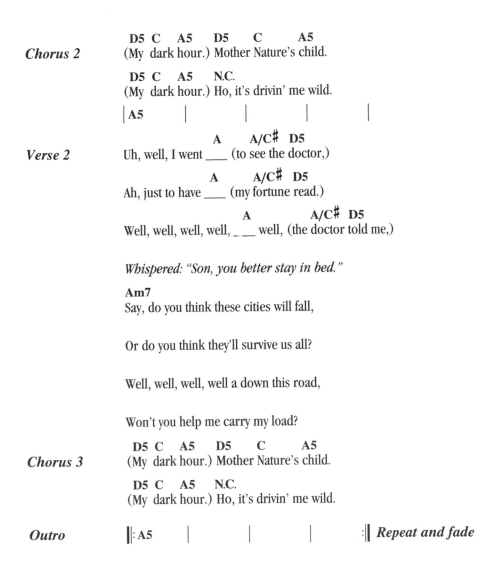

Chorus 2

D5 C   A5   D5   C   A5
(My dark hour.) Mother Nature's child.

D5 C   A5   N.C.
(My dark hour.) Ho, it's drivin' me wild.

| A5 | | | | |

Verse 2

               A   A/C♯ D5
Uh, well, I went ____ (to see the doctor,)

           A   A/C♯ D5
Ah, just to have ____ (my fortune read.)

                A   A/C♯ D5
Well, well, well, well, _ __ well, (the doctor told me,)

Whispered: "Son, you better stay in bed."

Am7
Say, do you think these cities will fall,

Or do you think they'll survive us all?

Well, well, well, well a down this road,

Won't you help me carry my load?

Chorus 3

D5 C   A5   D5   C   A5
(My dark hour.) Mother Nature's child.

D5 C   A5   N.C.
(My dark hour.) Ho, it's drivin' me wild.

Outro

‖: A5 | | | :‖ *Repeat and fade*

Quick Silver Girl

Words and Music by
Steve Miller

She's a   quick sil - ver girl. _____

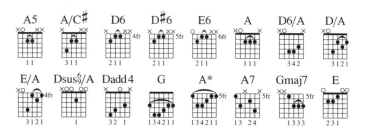

A5 A/C# D6 D#6 E6 A D6/A D/A

E/A Dsus⁶/A Dadd4 G A* A7 Gmaj7 E

Chorus 1

       A5 A/C# D6 D#6 E6   D6
She's a   quick sil - ver   girl.

A5 A/C# D6 D#6 E6   D6
  A lov - er of the   world.

A5   A/C# D6 D#6 E6
  She spreads her _____ wings

          D6   A5 A/C# D6 D#6 E6
And she's ___ free.

       D6 A5 A/C# D6 D#6 E6 D6
She's a   quick sil - ver   girl.

A5 A/C# D6 D#6 E6   D6
  A lov - er of the   world.

A5   A/C# D6 D#6 E6
  She's seen ev - 'ry   branch

          D6   A5 A/C# D6 D#6 E6
On the ___ tree.

Verse

```
|A        |D6/A   |D/A            |A        |
 Ah. _____   Quick silver girl.

|A        |D6/A   |D/A            |A        |
 Ah. _____   Quick silver girl.

|A        |D6/A   |E/A            |D/A      |
 Ah. _____   Quick silver girl.

|A        |D6/A   |Dsus§/A        |A        |
 Ah. _____   Quick silver girl.

‖: N.C.(Dadd4) |       |       |    :‖  Play 4 times
   Ah.
```

Bridge

```
              G  A*              G   A7
If you need ___ a little lovin' (She'll turn on the heat.)

N.C.       G  A*              G   A7
If you take ___ a fall (She'll put you back on your feet.)

N.C.       G   A*       G     A7
If you're all ___ alone (She's some - one to meet.)

N.C.       G  A*       Gmaj7
If you need ___ someone
```

Outro-Chorus

```
E      A5 A/C♯ D6 D♯6 E6  D6
She's a    quick sil - ver   girl.

A5 A/C♯ D6   D♯6 E6     D6
 A lov - er of the   world.

A5    A/C♯   D6 D♯6 E6
 She spreads her _____ wings

         D6     A5 A/C♯ D6 D♯6 E6 D6 A
And she's ___ free.
```

Rock'n Me

Words and Music by
Steve Miller

Melody:

Well, I've been look-in' real hard

A5 B5 E5 E A#5

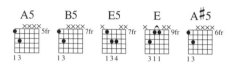

Intro

| N.C. A5 | B5   E5 | B5 N.C. | E |
|:‖ B5 A5 | B5   E5 | B5 N.C. | E   :‖|
| N.C. |

Verse 1

N.C. A5   A#5 B5
   Well, I've been lookin' real hard and I'm tryin' to find a job,

  A5
But it just keeps gettin' tougher ev'ryday.

   E5
But I got __ to do my part, 'cause I know in my heart,

   B5
I got to please my sweet mm, baby, yeah.

Well, I ain't superstitious and I don't get suspicious

  A5
But my woman is a friend of mine.

   E5
And I know __ that it's true that all the things that I do

    B5
Will come back ___ to me in my sweet-n time.

		B5
Chorus 1		So keep on rockin' me, baby.

A5
Keep on a rockin' me, baby.

E5
Keep on a rockin' me, baby.

B5
Keep on a rockin' me, baby.

                     B5

Verse 2   I went from Phoenix, Arizona all the way to Tacoma,

        A5
Phila - delphia, Atlanta, L.A.

        E5
North - ern California where the girls are warm,

        B5
So I could be with my sweet baby, yeah.

        B5

Chorus 2   Keep on a rockin' me, baby.

A5
Keep on a rockin' me, baby.

E5
Keep on a rockin' me, baby.

B5
Keep on a rockin' me, baby.

          A5   **B5**
Baby, baby, baby, keep on rockin',

E5 B5   **E**
    Rockin' me, baby.

B5   **A5 B5**   **E5**   **B5**
   Keep on a rockin' rock - in' me, baby.

E N.C.   **A5 A#5**
   Who, who, who, yeah.

Verse 3

B5
Don't get suspicious now you don't be suspicious, babe,

A5
You know you are a friend of mine.

E5
And you know __ that it's true, that all the things that I do

B5
Are gonna come back to you in your sweet time.

I went from Phoenix, Arizona all the way to Tacoma,

A5
Phila - delphia, Atlanta, L.A.

E5
North - ern California where the girls are warm,

B5
So I could hear my sweet, mm baby, say:

Outro-Chorus

B5
‖: Keep on a rockin' me, baby.

A5
Keep on a rockin' me, baby.

E5
Keep on a rockin' me, baby.

B5
Keep on a rockin' me, rockin' me,

Rockin', baby, baby, baby. :‖ *Repeat and fade*

Shu Ba Da Du Ma Ma Ma Ma

Words and Music by
Steve Miller

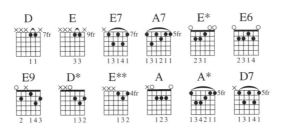

Shu, ba, da, du, ma, __ ma, ma, __ ma.

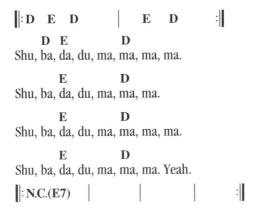

Intro

‖: D E D | E D :‖

     D E   D
Shu, ba, da, du, ma, ma, ma, ma.

     E   D
Shu, ba, da, du, ma, ma, ma.

     E   D
Shu, ba, da, du, ma, ma, ma, ma.

     E   D
Shu, ba, da, du, ma, ma, ma. Yeah.

‖: N.C.(E7) | | | :‖

Verse 1

D   E   **N.C.** **D E D N.C.**
Come on, baby, let's slip __ away.

 D   E   **D N.C.** **D E D N.C.**
You know I'm in a hurry. I wan - na leave right away.

D   E   **D   N.C.**   **D E D N.C.**
Don't make sense if it ain't __ the real thing.

D   E   **D** **N.C.**   **D E**   **D**
No - thin' but the real thing makes __ my heart sing. ___ Yeah.

Chorus 1

  D E   **D**
‖: Shu, ba, da, du, ma, ma, ma, ma.

  E   **D**
Shu, ba, da, du, ma, ma, ma. :‖ *Play 3 times*

  D E   **D**
Shu, ba, da, du, ma, ma, ma, ma.

  E   **D**
Shu, ba, da, du, ma, ma, ma. Yeah.

‖: **E7** **A7** |**E7** **A7** :‖

Verse 2

D   E   **D   N.C.** **D E D N.C.**
Come on, baby, now don't be too slow.

 D   E   **D N.C.**   **D E D N.C.**
You know I'm in a hurry. I real - ly do want to go.

D   E   **D   N.C.**   **D E D N.C.**
First __ you're up and then __ you're down.

D E   **D   N.C.** **D E D N.C.**
Cra - zy livin' in this __ old town.

Chorus 2

      D E   **D**
‖: Shu, ba, da, du, ma, ma, ma, ma.

        E   **D**
Shu, ba, da, du, ma, ma, ma. :‖ *Play 3 times*

    D E   **D**
Shu, ba, da, du, ma, ma, ma, ma.

        E   **D**
Shu, ba, da, du, ma, ma, ma. Yeah.

Breakdown

‖: N.C. | | | :‖ *Play 4 times*
‖: E* | | | :‖
| | E6 | E9 | |
| | | | |
‖: D*E* | D* | E** | D* :‖

Guitar Solo

‖: D* | A | D*E** | D* :‖
‖: E** | D* | E** | D* :‖

Interlude

‖: N.C.(E7) | | | :‖

Verse 3   *Repeat Verse 1*

Chorus 3   *Repeat Chorus 2*

Outro

| E7 | A* D7 | E7 | A* D7 |
| E7 | A* D7 | E7 | N.C. ‖

Seasons

Words and Music by
Steve Miller and Ben Sidran

Melody:

Sum-mer, the fall, _ win-ter, spring, ___

Drop D tuning:
(low to high) D-A-D-G-B-E

(Capo 3rd fret)

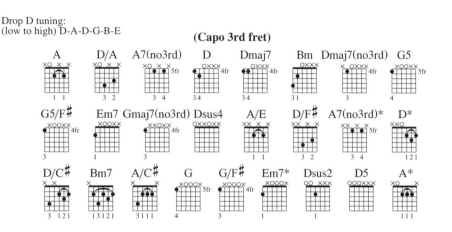

Intro

‖: A   D/A | A7(no3rd)   D/A   :‖

Verse 1

A   D/A   A7(no3rd)   D/A
Summer, the fall, _____ winter, spring,

D   Dmaj7   Bm   Dmaj7(no3rd)
Of the sea - sons I ___ will sing

G5   G5/F♯   Em7
To help ___ you through ___ your birth

Gmaj7(no3rd)   G5   G5/F♯   Em7
As you spend ___ your time___ on earth

Dsus4   A D/A A7(no3rd) D/A A D/A A7(no3rd) D/A
In the wind.

Verse 2

```
        A            D/A A7(no3rd)   D/A
The summer song ____ won't last long

D            Dmaj7        Bm            Dmaj7(no3rd)
When this warm ____ old man ____ has come.

  G5        G5/F♯         Em7
I'll sing you of ____ your birth

Gmaj7(no3rd)  G5          G5/F♯         Em7
  As you spend ____ your time ____ on earth

Dsus4       A D/A A7(no3rd) D/A A D/A A7(no3rd) D/A
  In the wind.
```

Bridge

```
A/E D/F♯ A7(no3rd)* A/E    D/F♯ A7(no3rd)* A/E
And  so   it            goes

   D/F♯ A7(no3rd) A/E      D/F♯ A7(no3rd)* A/E D*
As the    wind       blows.
```

Verse 3

```
        D/C♯         Bm7
The seasons will flow

A/C♯       G            G/F♯         Em7*
  To help ____ you through ____ your birth

G/F♯         G           G/F♯         Em7*
  As you spend ____ your time ____ on earth

Dsus2       A D/A A7(no3rd) D/A A D/A A7(no3rd) D/A
  In the wind.
```

Verse 4

```
        A            D/A   A7(no3rd) D/A
A mother's child, ____ a father son.

D*          D/C♯      Bm7    D/C♯
In this crowd, ____ I'm on - ly one.

  G         G/F♯        Em7*
To tell you of ____ your worth

G/F♯    G           G/F♯        Em7*
  As you ____ spend your time on earth

D5            A D/A A7(no3rd) D/A A D/A A7(no3rd) D/A
  In the wind.
```

Outro

```
A*
  And so it goes. (And so it goes.)


As the wind blows. (As the wind blows.)


And so it goes, as the wind blows.
```

Serenade from the Stars

Words and Music by
Steve Miller and Chris McCarty

Melody:

Did you __ see the lights

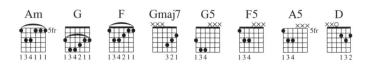

Am   G   F   Gmaj7   G5   F5   A5   D

Intro
‖: Am   G │ F   │ G   │ Am   :‖

Verse 1
     Am   G   F   G   Am
    Did you see ___ the lights as they ___ fell all a - round you?

                     F   G   Am
Did you hear the music, a sere - nade from the stars?

                  G   F   G   Am
Wake up, wake ___ up, ___ wake up and look a - round you.

                 F   G   Am
We're lost in ___ space and the ___ time is our own.

Interlude 1
   G   Gmaj7   Am
   Whoa, ho, ___ ah, ho.

   G   Gmaj7   Am G5 F5 G5 A5
   Whoa, ho, ___ ah, ho.

   G5 F5 G5 Am
   Ah.

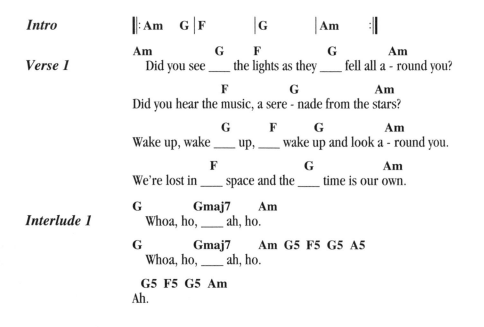

Verse 2

Am   G   F   G   Am
Did you feel ___ the wind as it ___ blew all a - round you?

               F   G   Am
Did you feel the love that was ___ in the air?

            G   F   G   Am
Wake up, wake ___ up, ___ wake up and look a - round you.

        F   G   Am
We're lost in ___ space and the ___ time is our own.

Interlude 2   *Repeat Interlude 1*

Verse 3

Am   G   F   G   Am
The sun comes ___ up ___ and it ___ shines all a - round you.

        F   G   Am
You're lost in ___ space and the ___ earth is your home.

Outro

G   Gmaj7   D
‖: Whoa, ho, ___ ah, ho. :‖   ***Repeat and fade***

The Stake

Words and Music by
David Denny

Burn - ing,   burn - ing __   all _____ you can

(Capo 1st fret)

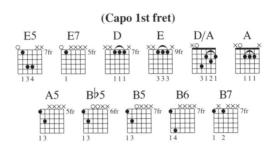

Intro

| N.C.(E5) | | E5 | | N.C.(E7) D | E |
| D/A A | | N.C.(E7) D | E | D/A A | |

Verse 1

    E5   N.C.(E7)   D E D/A A
Burning, burning all you can take.

    E5   N.C.(E7)   D E D/A A
Wheels are turning in the bed you make.

        E5   N.C.(E7)   D E D/A A
I'll take you over. You're tied at the stake.

N.C.   (E7) D E D/A A
Nobody loves you like the way I do.

| N.C. | $\frac{2}{4}$ | $\frac{4}{4}$ N.C.(E7) D | E | D/A A | |

GUITAR CHORD SONGBOOK

Verse 2	**E5** **N.C.(E7) D E D/A A** Light rain's over, the sun's all around.

E5   **N.C.(E7) D E D/A A**
Four leaf clover as I pull you down.

     E5   **N.C.(E7) D E D/A A**
I'll take you over. You're tied at the stake.

N.C.   **(E7) D E D/A A**
Nobody loves you like the way I do.

N.C.   **(E7) D E A5 Bb5**
Nobody loves you like the way I do.

Guitar Solo	|**B5 B6 B5 B6** |**B5 B6 B5 B6** |**B5 B6 B5 B6** |**B5 B6 B7 B6** |

w/ Vocal ad lib. (next 6 meas.)
|**B5 B6 B5 B6** |**B5 B6 B7 B6** |**B5 B6 B7 B6** |**B7 B6 B7** |

|**N.C.** |**2/4** |**4/4 N.C.(E7) D**   **E** | **D/A A** |

N.C.   **(E7) D E D/A A**
Nobody loves you like the way I do.

Outro- *Guitar Solo*	||:**N.C.(E7) D** **E** | **D/A A** :|| *Repeat and fade*

Swingtown

Words and Music by
Steve Miller and Chris McCarty

Melody:

Oh, whoa.

(Capo 1st fret)

A   D/A   E/A   D   E

Intro

‖: A   D/A   E/A │A   D/A   E/A :‖ *Play 7 times*

│A   D/A   E/A │A   D/A   E/A   │
                                    Oh,

│A   D/A   E/A │A   D/A   E/A   │
Whoa.

│A   D/A   E/A │A   D/A   E/A   │
                                    Oh,

│A   D/A   E/A │A   D/A   E/A   │
Whoa.

│A   D/A   E/A │

Verse 1

A D/A   E/A   A
      Come on and dance,

D/A   E/A   A   D/A E/A
Come on and dance.

A   D/A   E/A A
Let's make some ro - mance.

D/A E/A   A   D/A
  You know the   night is fallin',

E/A   A   D/A
And the   music's callin',

E/A   A   D/A E/A D
And we got to get down to   swing town.

Chorus

E
We been workin' so hard, we been workin' so hard.

                                         A D/A
Come on, baby, come on, baby, let's dance.

E/A   A   D/A
Diddy, bomp, de, bomp, de, bomp.

E/A   A   D/A
Diddy, bomp, de, bomp, de, bomp.

E/A   A   D/A
Diddy, bomp, de, bomp, de, bomp.

E/A
Oh,

Interlude

| A D/A E/A | A D/A E/A |
Whoa.

| A D/A E/A | A D/A E/A |
                      Oh,

| A D/A E/A | A D/A E/A |
Whoa.

| A D/A E/A |

Verse 2

A D/A   E/A   A
      Come on and dance,

D/A   E/A   A   D/A
Come on and dance.

E/A A   D/A E/A A
We may not get an - other chance.

D/A E/A   A   D/A
You know the   night is fallin',

E/A   A   D/A
And the   music's callin'

E/A   A   D/A E/A D
And we got to get down to   swing town.

Guitar Solo

‖: E | | | :‖

| A D/A E/A | A D/A E/A | A D/A E/A | A D/A E/A

Outro

‖: A D/A E/A | A D/A E/A :‖ *Repeat and fade*

Take the Money and Run

Words and Music by
Steve Miller

Melody:

This here's   a   sto - ry 'bout

G   F   C   B♭   G5   F5   C5

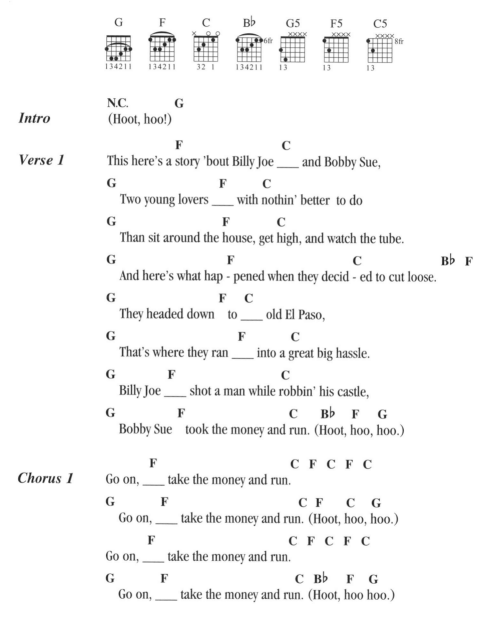

134211	134211	32 1	134211	13	13	13

Intro
           N.C.   **G**
           (Hoot, hoo!)

Verse 1
                          F   **C**
           This here's a story 'bout Billy Joe ____ and Bobby Sue,

           G   **F**   **C**
              Two young lovers ____ with nothin' better to do

           G   **F**   **C**
              Than sit around the house, get high, and watch the tube.

           G   **F**   **C**   **B♭** **F**
              And here's what hap - pened when they decid - ed to cut loose.

           G   **F**   **C**
              They headed down   to ____ old El Paso,

           G   **F**   **C**
              That's where they ran ____ into a great big hassle.

           G   **F**   **C**
              Billy Joe ____ shot a man while robbin' his castle,

           G   **F**   **C**   **B♭**   **F**   **G**
              Bobby Sue   took the money and run. (Hoot, hoo, hoo.)

Chorus 1
                 F   **C F C F C**
          Go on, ____ take the money and run.

           G   **F**   **C F**   **C**   **G**
            Go on, ____ take the money and run. (Hoot, hoo, hoo.)

                 F   **C F C F C**
          Go on, ____ take the money and run.

           G   **F**   **C** **B♭**   **F**   **G**
          Go on, ____ take the money and run. (Hoot, hoo hoo.)

Verse 2

     F   C
Billy Mac is a detec - tive down in Texas.

G   F   C
 You know he knows ___ just exactly ___ what the facts is.

G   F   C
 He ain't gonna let those two ___ escape justice.

G   F   C   B♭ F
 He makes his liv - in' off of the ___ people's tax-es.

G   F C
 Bobby Sue, whoa, she slipped away.

G   F   C
 Billy Joe caught up to her the very next day.

G   F   C
 They got the money, hey, you know they got away.

G   F   C   B♭   F
 They headed down south and they're still runnin' today, ___ sing-in'

Chorus 2

G5 F5   C5
 Go on, ___ take the money and run.

G5 F5   C5   G5
 Go on, ___ take the money and run. (Hoot, hoo, hoo.)

     F5   C
Go on, ___ take the money and run. __ Ah, oo, Lord!

G   F   C B♭ F G
 Go on, ___ take the money and run. (Hoot, hoo hoo.)

Interlude ‖: G5   F5 | C5   :‖ *Play 3 times*
       | G5   F5 | C B♭ F |
             Yeah,   yeah.

Outro

G   F   C   G
 Go on, ___ take the money and run. Yeah, yeah! (Hoot, hoo, hoo.)

     F   C F C F   C F C
Go on, ___ take the money and run.   Ah, oo, ___ Lord!

G   F   C   G5
 Go on, ___ take the money and run. Yeah, yeah! (Hoot, hoo, hoo.)

     F5   C   B♭ F
Go on, ___ take the money and run. Ah, oo, ___ Lord! *Fade out*

True Fine Love

Words and Music by
Steve Miller

Melody:

I ain't com-plain - ing but I'd sure like to find __ me

Bb   Gm   Eb   F

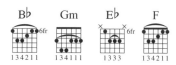

Intro | Bb Gm | Bb Gm | Bb Gm | Eb F |

Verse 1
Bb   Gm   Bb   Gm
I ain't com - plaining but I'd sure like to find me

Bb Gm   Bb Gm
A true,   fine love.

Bb   Gm   Bb   Gm
Someone an - other that's as sweet as your mother.

Bb Gm   Bb Gm
A true,   fine love.

Chorus 1
                    Bb   F
'Cause the time is right for walking in the moonlight.

            Bb   Eb
I have suddenly found I'm ready to ___ settle down.

            Bb   F
So come on, ___ get your rocks off, I'm gon - na knock your socks off

            Gm   Eb
You'll see, ___ oh yeah.

                Bb
So come on, ___ pretty baby,

                F   Bb Gm Bb Gm
We're go - ing to raise a family.

	Bb Gm Bb Gm
Verse 2	There'll be no hesi - tating 'cause I'm so tired of waitin'

       Bb Gm   Bb Gm
For a true,   fine love.

Bb   Gm   Bb   Gm
Someone an - other like a sister or brother

   Bb Gm   Bb Gm
A true,   fine love.

Chorus 2   *Repeat Chorus 1*

Guitar Solo   *Repeat Verse 1 and Chorus 1 (Instrumental)*

Verse 3   *Repeat Verse 1*

                Bb   F
Chorus 3   'Cause the time is right for walking in the moonlight.

        Bb   Eb
I have suddenly found I'm ready to ___ settle down.

         Bb   F
We'll have a boy for you, we'll have a girl for me.

Bb   Eb
Come on, baby, raise a family.

         Bb   F
So come on, ___ get your socks off, I'm gon - na knock your rocks off

       Gm   Eb
You'll see, ___ oh yeah. *Fade out*

Who Do You Love

Words and Music by
Steve Miller and Tim Davis

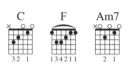

C   F   Am7

Intro |N.C. | |C |F |C   F|
            Who.

    | |C |F |C |F |
            Who.

Verse 1
      C   F
      Ever since time began

          C   F
    Man ___ loves a woman, woman loves a man.

      C   F
      This is the way it was meant to be;

                C   F
    Through the pa - ges, through the books of our history.

Chorus 1
      C   F
    You, you, you.

      C   F
      Who do you love? Who do you love? Who you love, now?

      C   F
    You, you, you.

      C   F
      Who do you love? Who do you love? Who do you love?

Verse 2
      C   F
      One and one and one ___ are three.

      C   F
    I love you. Do you love me?

      C   F
      This is the place, now is the time,

      C   F
    Give me your love and I'll give you mine.

Chorus 2	*Repeat Chorus 1*

Verse 3

   C   F
This is simple   and it's true,

          C   F
There's a shining light all around you.

   C   F
  You're the one,   you're the fire,

   C   F
  You can make it higher and higher.

Bridge 1

Am7
  This is the place, now is the time,

F
Tell me now darlin', will you be mine?

Chorus 3

C   F
You, you, you.

C   F
  Who do you love? Who do you love? Who you love?

Verse 4

                C   F
Put your arms ___ around me,   hold me tight.

C   F
  Cuddle up darlin', in the still of the night.

C   F
  You are the one that I adore.

C   F
  You are the one that I love so.

Bridge 2	*Repeat Bridge 1*

Chorus 4

C   F
You, you, you.

C   F
  Who do you love? Who do you love? Who you love, now?

Outro-Chorus	*Repeat Chorus 4 and fade*

Wide River

Words and Music by
Chris McCarty

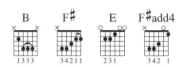

Intro

‖:B | | F# | :‖
| E F#add4 | E F#add4 | E F#add4 | E F#add4 |
| E F#add4 | E F#add4 | B | |

Verse 1

    B   F#
    Wide river she opens her mouth to the sea,

          B   F#
Singing,   "Dear, dear ocean, now here is a kiss from me."

Chorus 1

            E   F#add4   E   F#add4
And she runs ____ like a river to the setting sun,

      E   F#add4   E   F#add4
She runs like a river that has never been won.

      E   F#add4   E F#add4   B
She runs like a river that will al - ways be free.

Verse 2

    B   F#
    Wide river carry me back home

           B   F#
To the place ____ I love, that I call my own.

	E	F#add4	E	F#add4

Chorus 2

And we can run like a river to the setting sun,

E   F#add4   E   F#add4
Run like a river that has never been won.

E   F#add4   E F#add4   B
Run like a river that will al - ways be free.

Guitar Solo   *Repeat Verse 1 and Chorus 1 (Instrumental)*

B   F#

Verse 3   Wide river, do you remember me?

     B   F#
It was ___ not so long ago that you set me free.

     E   F#add4   E   F#add4

Chorus 3   And now I run like a river to the setting sun,

E   F#add4   E   F#add4
I run like a river that has never been won.

E   F#add4   E F#add4   B
I run like a river that will al - ways be free.

B
Bridge   Come on, baby, let's run in circles.

Come on, darling, let's circle each other

     F#
And find ___ our love.

                    B
All the love that we need.

Come on, baby, let's circle each other

Where we can do, do for each other,

     F#   B
I'll do ___ for you and you'll do for me.

Outro-Chorus   *Repeat Chorus 2 (play 3 times)*

Wild Mountain Honey

Words and Music by
Steve McCarty

Oo, __ ma - ma, well look what's been done. __

B7sus4

2 3

Intro   ‖: **B7sus4** | | | :‖ |

Verse 1

B7sus4
Oo, mama, well look what's been done.

You can only see the stars after a setting sun.

You who run for the money.

You don't even know about wild mountain honey.

Interlude 1   ‖: **B7sus4** | | | :‖

Verse 2

B7sus4
Come on, mama, heal this lonesome man.

Grow the tree of wholeness in this desert land.

Come on, children now learn how to run

By heaven, the stars, the moon and the sun.

Interlude 2	‖: B7sus4 | | | :‖	*Play 4 times*
	| | |	

Verse 3

B7sus4
Come on, papa, your end is the means.

Don't trade your love and goodness for the golden machine.

You who run for the money.

You don't even know about wild mountain honey.

Interlude 3	‖: B7sus4 | | | :‖	*Play 6 times*
	| | |	

Synth Solo	‖: B7sus4 | | | :‖	*Play 4 times*

Outro
|B7sus4 | | | |
      Oo, _____ oo.

| | | | |
 Oo, _____ oo. Oo, _____ oo.

| | | | |
 Oo, _____ oo.

| | | | |

| | | | ‖

Wintertime

Words and Music by
Steve Miller

Melody:

In the win - ter - time

(Capo 1st fret)

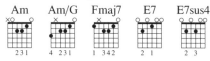

Am   Am/G   Fmaj7   E7   E7sus4

Intro   ‖: Am |Am/G |Fmaj7 | :‖ *Play 4 times*

                                 Am   **Am/G**
Verse 1   In the winter - time when all the leaves are brown

                      Fmaj7
And the wind ___ blows, (So chill.)

                         Am   **Am/G**   **Fmaj7**
And the birds ___ have all flown ___ for the sum - mer,

            Am   **Am/G**   **Fmaj7**
I'm cal - lin', hear me cal - lin', hear me cal - lin'.

Am Am/G Fmaj7
Ah,   Ah,   Ah.

Verse 2

          Am   Am/G
In the winter - time when all the leaves are brown

         Fmaj7
And the wind ___ blows, (So chill.)

         Am   Am/G   Fmaj7
And the birds ___ have all flown ___ for the sum - mer,

   Am   Am/G   Fmaj7
I'm cal - lin', hear me cal - lin', hear me cal - lin'.

   Am   Am/G   Fmaj7
I'm cal - lin', hear me cal - lin', hear me cal - lin'.

In the wintertime.

Guitar Solo ‖: Am   Am/G | Fmaj7   Am/G :‖ *Play 3 times*
                | Am   Am/G | Fmaj7   E7 |
                | Am | Am/G | Fmaj7 | |

Verse 3

          Am   Am/G
In the winter - time when all the leaves are brown

         Fmaj7
And the wind ___ blows, (So chill.)

         Am   Am/G   Fmaj7
And the birds ___ have all flown ___ for the sum - mer,

   Am   Am/G   Fmaj7 E7   E7sus4 E7 Am
I'm cal - lin', hear me cal - lin', hear me cal - lin'.

Space Cowboy

Words and Music by
Steve Miller and Ben Sidran

Melody:

I've told you 'bout liv-in' in the U. S. of A.,___

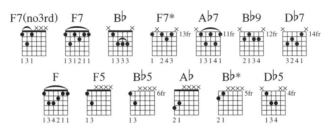

Intro

‖: **F7(no3rd) N.C.** |**F7(no3rd) N.C.** :‖

‖: **F7** **Bb** |**F7** **Bb** :‖

Verse 1

    F7   **Bb**   **F7**   **Bb**
I've told you 'bout livin' in the U. S. of A.,

              F7   **Bb**   **F7** **Bb**
Don't you know ____ that I'm a gangster of love?

    F7   **Bb**   **F7**   **Bb**
Let ____ me tell you people that I found a new way,

          F7   **Bb**   **F7** **Bb**
And I'm tired ____ of all this talk about love.

           F7   **Bb**   **F7**   **Bb**
And the same, ____ old sto - ry with a new set of words

      F7   **Bb**   **F7** **Bb**
About the good and the bad ____ and the poor.

      F7   **Bb**   **F7**   **Bb**
And the times ____ keep on chang - in' so I'm keepin' on top

    F7   **Bb**   **F7 Bb**
Of ev'ry bad cat who walks through my door.

GUITAR CHORD SONGBOOK

Chorus 1

F7* A♭7
I'm a space cowboy.

B♭9   D♭7
Bet you weren't ready for that.

F7* A♭7
I'm a space cowboy.

B♭9   D♭7
I'm sure you know where it's at.

                    F7 B♭ F B♭
Yeah, yeah, yeah, yeah.

Interlude 1

F7(no3rd) N.C. F7(no3rd) N.C.
                                    Doo, doo, doo,

F7   N.C.   F7(no3rd)
Doo, doo, doo, doo, doo, doo, doo, doo, doo, doo, doo, bop.

N.C.   F7(no3rd)   N.C.
  Doo, doo, doo, doo, doo, doo, doo, doo, doo, doo, bop.

F7(no3rd) N.C.   F7(no3rd)
                    Doo, doo, doo, doo, doo, doo, doo,

N.C.   F7(no3rd)
Doo, doo, doo, doo, doo, doo, doo, bop.

N.C.   F5   B♭5   F5 B♭5 F5 B♭5
  Doo, doo, doo, doo, doo, doo, doo, doo, doo, doo, yep.

Verse 2

F5 B♭5   F7   B♭
    I was born ____ on this rock

            F7   B♭
And I've been trav'lin' through space

              F7   B♭   F7 B♭
Since the mo - ment I first ____ realized,

              F7   B♭   F7   B♭
What all you fast talkin' cats ____ would do ____ if you could.

              F7   B♭   F7 B♭
You know I'm ready for the final surprise.

            F7   B♭
There ain't no ____ way around ____ it,

        F7   B♭   F7   B♭   F7 B♭
Ain't nothing to say ____ that's gonna satisfy my soul, deep inside.

              F7   B♭   F7   B♭
All the pray - ers and survey - ors keep the whole ____ place uptight,

              F7   B♭   F7 B♭
While it keeps ____ on getting darker outside.

| Chorus 2 | *Repeat Chorus 1* |

Interlude 2   ‖: F7(no3rd) N.C. | F7(no3rd) N.C.   :‖   *Play 4 times*
| F7   Bb | F7   Bb |

Guitar Solo   ‖: F7 Bb | F7 Bb | F7 Bb | F7 Bb :‖ *Play 4 times*
F7 Bb	F7 Bb	F5	Ab
Bb*	Db5	F5	Ab
Bb*	Db5	F7 Bb	F Bb
F7 Bb	F7 Bb	F7 Bb	F7 Bb

                            F7   Bb   F7
Verse 3   I've seen the show downs, slow ___ downs, lost ___ and found,

               Bb   F7   Bb   F7   Bb
               Turn arounds, the boys in the military shirts.

                            F7   Bb   F7   Bb
               I keep my eyes on the prize, ___ on the long, ___ fallen skies,

                            F7   Bb   F7   Bb
               And I don't ___ let my friends ___ get hurt.

                            F7   Bb   F7   Bb
               All you back ___ room schem - ers, star ___ trip dream - ers

                          F7   Bb   F7   Bb
               Better find somethin' new ___ to say.

                              F7   Bb   F7   Bb
               'Cause you're the same old story, ___ it's the same ___ old crime

                            F7   Bb   F7 Bb
               And you got ___ some heavy dues to pay.

                          F7*   Ab7
Chorus 3   I'm a space cowboy.

               Bb9   Db7
               Bet you weren't ready for that.

                          F7*   Ab7
               I'm a space cowboy.

               Bb9   Db7
               I'm sure you know where it's at.

                                      F7 Bb F Bb F Bb F Bb N.C.   F7(no3rd)
               Yeah, yeah, yeah, yeah.